Los entrenadores

Laura K. Murray

CREATIVE EDUCATION • CREATIVE PAPERBACKS

semillas del saber

Publicado por Creative Education y Creative Paperbacks
P.O. Box 227, Mankato, Minnesota 56002
Creative Education y Creative Paperbacks son marcas
editoriales de The Creative Company
www.thecreativecompany.us

Diseño de Ellen Huber
Producción de Grant Gould
Dirección de arte de Rita Marshall
Traducción de TRAVOD, www.travod.com

Fotografías de Getty (Andersen Ross/DigitalVision, Thomas
Barwick, Kevin Dodge, John Giustina, Inti St. Clair/
DigitalVision, Erik Isakson, SDI Productions), iStockphoto
(isitsharp, South_agency), Shutterstock (cvm, Margoe
Edwards, Mike Flippo, Monkey Business Images, Fotokostic,
Gino Santa Maria, winui)

Library of Congress Cataloging-in-Publication Data. Names:
Murray, Laura K., author. Title: Los entrenadores / Laura
K. Murray. Other titles: Coaches. Spanish. Description:
Mankato, Minnesota : Creative Education/Creative Paperbacks,
2023. | Series: Semillas del saber | Includes bibliographical
references and index. | Audience: Ages 4-7 | Audience: Grades
K-1 | Summary: "Early readers will learn how coaches lead
sports teams. Full color images and carefully leveled text
highlight what coaches do, where they work, and how they
help the community."-- Provided by publisher. Identifiers:
LCCN 2022007346 (print) | LCCN 2022007347 (ebook) | ISBN
9781640267015 (library binding) | ISBN 9781682772577
(paperback) | ISBN 9781640008427 (pdf). Subjects: LCSH:
Coaches (Athletics)--Juvenile literature. | Coaching (Athletics)-
-Juvenile literature. Classification: LCC GV711 .M8618
2023 (print) | LCC GV711 (ebook) | DDC 796.07/7--dc23/
eng/20220316. LC record available at https://lccn.loc.
gov/2022007346. LC ebook record available at https://lccn.loc.
gov/2022007347.

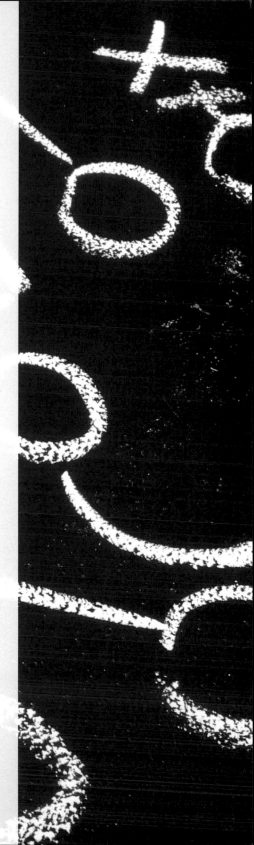

TABLA DE CONTENIDO

¡Hola, entrenadores!

Los entrenadores dirigen equipos.

Quieren que
los jugadores
estén seguros
y saludables.
Ayudan a los
jugadores a
dar lo mejor
de sí mismos.

Los entrenadores organizan sesiones de práctica. Ayudan a los jugadores a entrenar. Les enseñan habilidades.

Esto hace que los jugadores mejoren.

Algunos equipos tienen muchos entrenadores. El entrenador principal es el líder. Otros entrenadores ayudan.

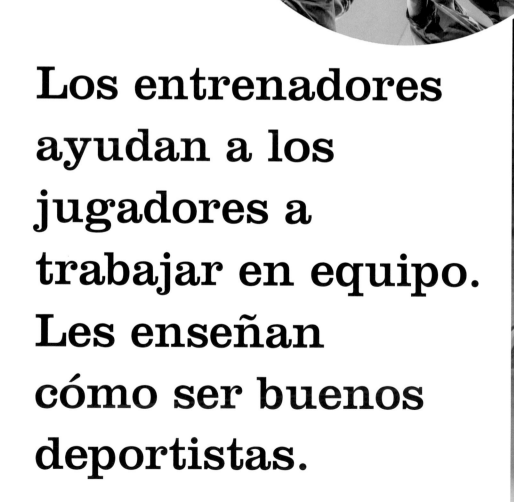

Los entrenadores ayudan a los jugadores a trabajar en equipo. Les enseñan cómo ser buenos deportistas.

Los buenos deportistas juegan limpios. Siguen las reglas.

Muchos entrenadores llevan un portapapeles. Allí planean las jugadas. También pueden tener un silbato.

Los entrenadores fijan metas para los jugadores. Animan al equipo.

Están orgullosos
de sus jugadores.

¡Gracias, entrenadores!

Visualiza a un entrenador

silbato

portapapeles

jugadores

Palabras para saber

entrenar: trabajar para mejorar o estar listo para algo

habilidades: cosas que aprendes

jugadas: cosas que los entrenadores diseñan durante un juego

metas: cosas para hacer o realizar

práctica: momentos para trabajar en algo para mejorar

Índice